Neue Bücher entdecken, in Leseproben stöbern, tolle Gewinne sichern und Wissenswertes erfahren in unseren Newslettern für Bücherfans. Jetzt anmelden unter **www.gabriel-verlag.de**

MIX
Papier aus verantwortungsvollen Quellen
FSC® C095359

Mann, Renate; Körting, Verena
Das Weihnachtsschäfchen
ISBN 978 3 522 30328 6

Text: Renate Mann
Illustrationen: Verena Körting
Einband- und Innentypografie: Doris Grüniger, buchundgrafik.ch
Schrift: Palatino
Reproduktion: Photolitho AG, Gossau/Zürich
Druck und Bindung: Himmer AG, Augsburg

5 4 3 2 1° 14 15 16 17

www.verena-koerting.de

Verena Körting
Renate Mann

Das Weihnachts-Schäfchen

Gabriel

Der Winter kam ungewöhnlich früh. Letztes Jahr konnte Jakob, der Schäfer, noch alle Maisfelder in der Umgebung mit seinen Schafen nachernten. *Nachernten*. Er wusste auch nicht warum, aber ihm fielen oft die komischsten Wörter ein. Mit seinen Schafen zog er über die abgeernteten Felder und seine Schafe konnten die Stängel fressen, die kurz über der Erde stehen geblieben waren. Die Tiere liebten das Nachernten, weil sie das Gras von den Sommerweiden satthatten.
Morgens war es jetzt länger dunkel und in der Morgendämmerung hingen Nebelschwaden zwischen den Pappeln am Weg und zwischen den Weiden am Bach. Wie *Schleierstreifen* über dem taufeuchten Gras.
Gestern, als die Sonne untergegangen war, hatte Jakob die Kraniche gehört. Laut schreiend schlugen sie mit ihren mächtigen Flügeln und rauschten wie in einer Eins über den rosa Himmel. So früh waren sie letztes Jahr nicht weggeflogen.

Gedankenverloren ließ er seinen Blick über das lockige Fell der Schafe schweifen. Das Fell war wieder nachgewachsen und schützte seine Schafe vor der Winterkälte. Ein Schaf kam ihm besonders dick vor. Es stand am Rande der Herde und fraß ununterbrochen. Nichts war in der weiten Landschaft zu hören. Nur das Abrupfen des Grases und manchmal zufriedenes Blöken eines Schafes.
Während die Schafe mit ihren kleinen Hufen die weiche Erde feststampften und dabei friedlich kauten, dachte Jakob nach. Seine beiden Hunde merkten immer, wenn er nachdachte. Dann waren sie ganz still. Sie schnappten höchstens einmal nach einem Schaf, das sich zu weit entfernt hatte.
Ich brauche so schnell wie möglich ein Winterquartier, überlegte er. Es durfte nur Heu haben. Kein Stroh, kein Getreide, keine Maschinen. Eine *Heuscheune*.
In einer Heuscheune war es warm und seine Schafe hatten den ganzen Winter über etwas zu fressen. Dann würde es allen gut gehen.
Jakobs Hunde trieben die Schafe zusammen. Die Tiere drängten auf dem schnurgeraden, mit Pappeln gesäumten Weg vorwärts. Mit Jakob an der Spitze.
Die Wanderung begann.

Tagsüber ließ Jakob die Tiere fressen, wo es noch etwas gab, nachts ruhten sie sich mal auf einem Feld, mal unter Apfelbäumen auf einer Obstwiese aus. Die Blätter der Bäume hatte der Wind schon lange mitgenommen, aber manchmal hingen noch rote und gelbe Äpfel an den Zweigen. Dann schüttelte Jakob sachte an den Ästen und die Äpfel fielen herunter ins feuchte Gras oder auf das dicke Lockenfell der Schafe. *Schütteläpfel*. So nannte Jakob seine Nachernte.

Die Tage wurden immer kürzer, die Nächte länger und kälter. Die Kraniche waren bestimmt schon im warmen Süden. Auch die Felder waren umgepflügt.
Schon zweimal hatte sich der Mond gerundet. Er hing weiß-gelb an dem schwarzen Sternenhimmel und Jakob hatte noch keine Heuscheune gefunden. So zogen sie weiter, Tag für Tag. Bald würde das Jahr zu Ende sein.

Eines Morgens lag Schnee. Wie eine zart gesponnene Decke lag er über der Landschaft und glitzerte in der Morgensonne. *Zauberpulverschnee.*
Wenn ein Lüftchen wehte, wurden ein paar Glitzerkristalle hochgehoben und dann schimmerte selbst die Luft, als wäre sie voller Diamanten. *Luftdiamanten.*
Unter seinen großen Füßen knirschte der Schnee, als würde jemand über weißen Kies laufen. Die Luft war frisch und an Jakobs roter Nase gefror ein Atemtropfen zu Eis. *Eisatemtropfen.*

Wieder mussten sie weiter. Mühsam rappelten sich die Schafe auf, als die Hunde sie bellend umkreisten. Wenn Jakob nicht bald eine Heuscheune fand, würden sie verloren sein. Er blies in seine Hände und rieb sie gegeneinander. Seine Schafe machten ulkige Sprünge, als sie von den Hunden vorwärtsgetrieben wurden.

Diesmal blieb Jakob weiter hinten. Da war wieder das dicke Schaf. Er hatte es ganz vergessen. Es blieb ganz dicht bei ihm.

Das hat sich ganz schön vollgefressen, dachte Jakob.

Kein Wunder, dass es so langsam ist. Aber es ist auch egal.

Hauptsache, wir finden heute eine Heuscheune.

Sie wanderten den ganzen Tag. Immer nach Norden.

Der helle Polarstern zeigte ihm früh morgens und abends den Weg.

Der Schnee glitzerte vor ihnen her und änderte seine Farbe mit dem Stand der Sonne. Mittags war er blendend weiß wie ein Bettlaken auf der Weide, nachmittags bekam er einen bläulichen Schimmer wie ein Aquamarin und wenn die Sonne unterging, war er so rosa wie der Zuckerguss von einer Geburtstagstorte.

Die Schatten wurden länger und länger und verschmolzen dann irgendwann mit der Dunkelheit. Erst wenn die Mondschatten wieder aus den Wiesen und Büschen krochen, erst dann wollte sich Jakob eine Pause gönnen.

Mondschatten. Sie waren Jakobs Lieblingsschatten. Am schönsten waren sie bei Vollmond und auf dem Zauberpulverschnee. Blau-schwarz legten sie sich über die Landschaft, ganz lang und dünn. Wie ein Scherenschnitt.

Das dicke Schaf trottete immer noch neben ihm her, aber seine Herde konnte er in der Ferne nur noch als eine Silhouette am Horizont erkennen.

Jakob war so in Gedanken gewesen, dass er sich jetzt sputen musste. Auch das dicke Schaf verfiel in einen leichten Trab. Bald hatten sie die Herde eingeholt.

Die Schafe waren müde. Sie lagen dicht aneinander unter einem abgestorbenen Baum und wärmten sich gegenseitig. Jakob lehnte sich an den knorrig-rauen Stamm und sofort krochen die Hunde unter seinen dicken Filzmantel. Das dicke Schaf war nicht mehr da. Es würde schon wiederkommen. Er hatte jetzt keine Kraft mehr, es zu suchen.

Der Mond wurde immer runder und die Mondschatten immer schwärzer, aber eine Heuscheune hatte Jakob immer noch nicht gefunden. Morgen. »Morgen vielleicht«, seufzte er leise. »Bald wird Weihnachten sein. Ich erkenne es an dem Mond.«
Erschöpft schloss er die Augen. Er merkte kaum, wie er mit seinem dicken Filzmantel immer tiefer an der rissigen Borke des Baumstamms herunterrutschte, weil er schon fast eingeschlafen war. Die Mondschatten wurden kürzer und verschwanden dann ganz. Am blassblau-rosa Morgenhimmel blinkte nur noch der Morgenstern. *Morgensternhimmel.*

Es war Zeit zum Aufbruch. Jakob streckte sich, die Hunde bellten und die Schafe blökten lauter als sonst, so, als wollten sie sagen: Lasst uns doch in Ruhe, wir wollen noch schlafen. Wir sind müde und hungrig. Zu fressen finden wir sowieso nichts mehr.
Aber sie mussten weiter. Das wusste nur Jakob und vielleicht auch die Hunde. Nur einen Tag noch und dann kam die Heilige Nacht. Diesmal haben wir kein warmes Plätzchen zu Weihnachten, dachte Jakob und wurde ganz traurig.
Überall waren Trampelspuren der Schafe auf dem Schnee zu sehen. Die Hunde sprangen hin und her und sorgten dafür, dass die Herde zusammenblieb. Das dicke Schaf konnte er nirgends entdecken.

Und wieder wurde der Schnee erst blendend weiß, dann bläulich, dann rosa. Schnell versank die Sonne hinter den Hügeln. Der Mond ging an diesem Tag ganz riesig über dem Horizont auf. So orange wie ein großer, runder Kürbis. *Kürbismond.* Jakob liebte den Mond, wenn er so aussah. Dies war etwas ganz Besonderes für einen einzigen, langen Augenblick. Später hing der Mond dann wieder blass-gelb am dunklen Himmel. Der Morgenstern war zum Abendstern geworden und blinkte am hellsten. Jakob starrte den Mond an, als könne er ihm den Weg in eine Heuscheune zeigen. Aber der blieb stumm. Selbst die Mondschatten gab es heute nicht. Das kam Jakob seltsam vor. Eine Nacht mit einem Mond hatte auch immer Mondschatten. Heute schien alles anders. Aber er fühlte sich für alles zu müde. Selbst zum Wundern hatte er keine Kraft mehr.

Er trottete seinen Schafen nach, den weiten Filzmantel fest um sich geschlungen, die Augen auf den langen, weißen Pfad gesenkt. Der zertrampelte Zauberpulverschnee zeigte ihm den Weg zu seiner Herde.

Auf einmal bemerkte er, dass es ganz still war. Kein Blöken der Schafe, kein aufgeregtes Hundegebell. Selbst der Schnee unter seinen Füßen hatte aufgehört zu knirschen. *Nachtstille.*

Er blieb stehen, hob seinen Blick und schaute sich um. Alles war in ein helles Licht getaucht. Plötzlich blieb sein Blick am weiten Horizont hängen: Oben auf dem Hügel stand eine Feldscheune. Schwarz hob sie sich gegen den dunklen Mond- und Sternehimmel ab. *Mondundsternehimmel.*

Dort hinten waren auch seine Schafe. Er konnte erkennen, wie sie sich in das offene Tor hineindrängten.

Alle Müdigkeit fiel von ihm ab. Jetzt hatte er es plötzlich ganz eilig. Er lief den Hügel hinauf. Sein Mantel flatterte hinter ihm her.

Die Scheune schimmerte von innen in goldgelbem Licht. Er hörte ein zartes Blöken und eine tiefe Antwort.

Das kann gar nicht sein, dachte Jakob. Noch nie wurde ein Lämmchen mitten im Winter geboren. Das würde es nicht überleben. Ich habe mich bestimmt getäuscht. Er trat durch das offene Scheunentor und vergaß vor lauter Staunen, das Tor zu schließen. Der Wind zerrte an seinem Mantel, aber er merkte es kaum. Vor ihm lag tatsächlich ein neugeborenes Lamm. Da war auch das dicke Schaf. Das war jetzt nicht mehr dick. Aber Jakob erkannte es sofort.
Alle Schafe lagen um diese beiden herum, nur die Hunde kamen angesprungen, begrüßten Jakob schwanzwedelnd und schubsten ihn mit der Nase. Als wollten sie sagen: Geh endlich näher, Jakob. Sieh es dir an. Da, schau dieses Wunder an!

Ein *Weihnachtsschäfchen*! Ein Weihnachtsschäfchen
in einer Heuscheune in der Heiligen Nacht.

Die Schafe hatten schon angefangen, Heu zu fressen. Jakob hörte die Heuhalme zwischen ihren Mahlzähnen. Dann ließ er sich neben das dick-dünne Schaf ins Heu fallen, deckte sich mit seinem Mantel zu und träumte vom *Nachernten*, von Nebel*schleierstreifen* und *Schütteläpfeln*, von einem dicken *Kürbismond* und glitzerndem *Zauberpulverschnee*, von *Luftdiamanten*, schwarzen *Mondschatten* und der endlich gefundenen *Heuscheune*. Er fühlte die *Nachtstille* und über allem wölbte sich der *Mondundsternehimmel*.
Ein Wunder war geschehen. Ein Weihnachtsschäfchen war geboren. Sie waren gerettet.
In der Heuscheune war ein *Weihnachtswunder* geschehen. Am Himmel verweilte ein ganz heller Stern, der weit über die schneebedeckten Hügel, Wiesen und Felder leuchtete, und der Jakob und seine Tiere zu beschützen schien.

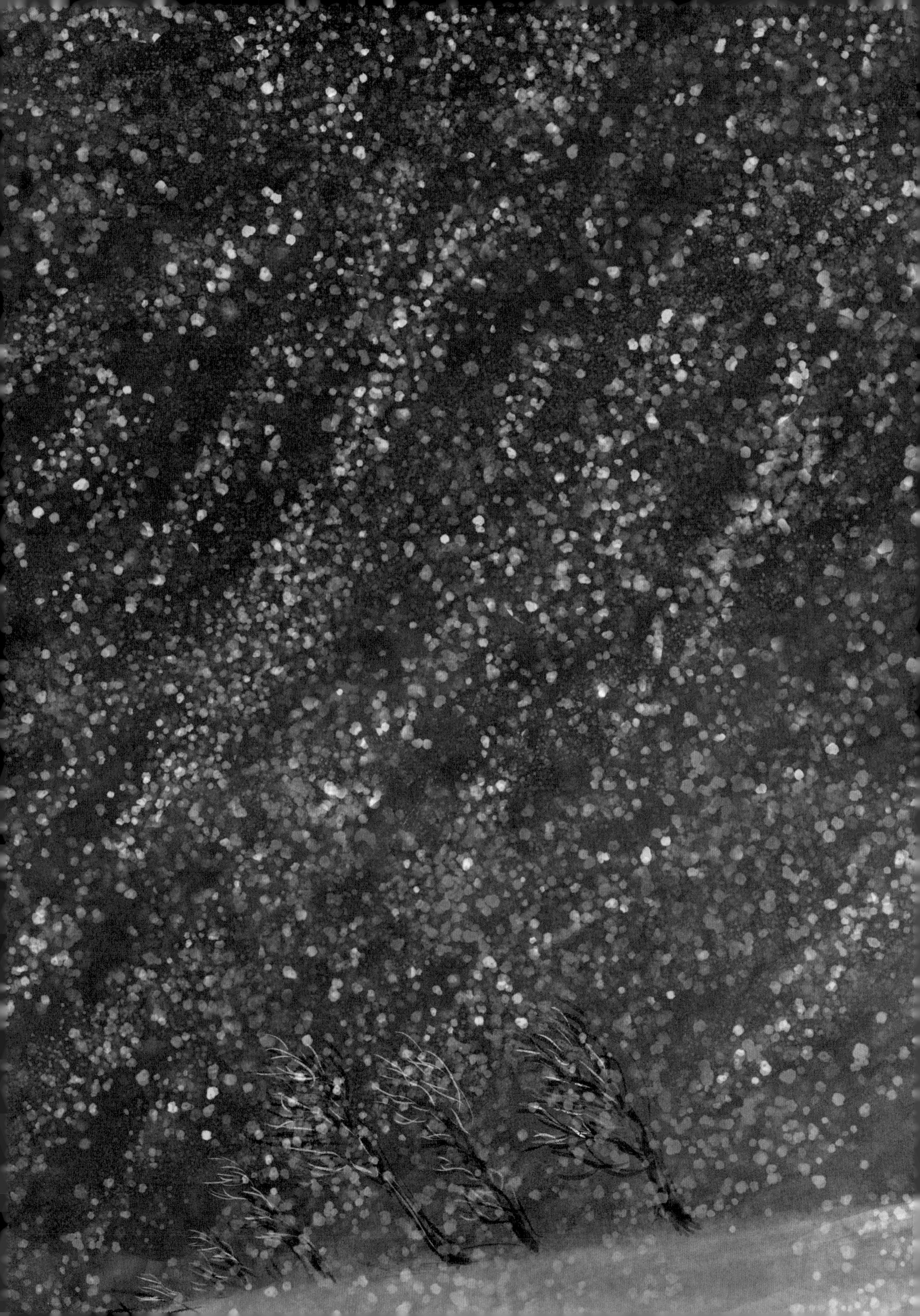